내가 사는 집

추경희 시집

내가 사는 집

225 · 문학아카데미시선

시인의 말

기다림은
그대가 오기 전의 설레임
바로 그것이지요.
음식을 준비하는 여유
그런 기쁨이지요.
둥그런 앉은뱅이 식탁에
감자 한 소쿠리 쪄 놓고
당신을 기다리는
연둣빛 시간이지요.

2011년 9월
추 경 희

추경희 시집 　　　　내가 사는 집

▫ 시인의 말

1부 내가 사는 집

세탁기를 돌리며 ─── 11
창·1 ─── 12
창·2 ─── 13
창·3 ─── 14
창·4 ─── 15
창·5 ─── 16
뱀딸기처럼 ─── 17
길 ─── 18
숲과 새 ─── 20
마흔다섯, 나는 ─── 22
천년의 미소 ─── 23
내가 사는 집 ─── 24
춘몽 ─── 26
무게만큼의 이유 ─── 27
등을 켜는 하루 ─── 28
더위 ─── 29
눈 내리면 ─── 30

내가 사는 집   최경희 시집

2부 내면에 돋아나는 푸름처럼

35 ── 2011년, 봄
36 ── 나리꽃
37 ── 수청리, 또 가을
38 ── 눈
40 ── 두물머리
41 ── 불꽃놀이
42 ── 아침 바다
43 ── 가을엔·1
44 ── 가을엔·2
45 ── 객산
46 ── 연화도
48 ── 낙엽
49 ── 소양강
50 ── 오솔길
51 ── 고목
52 ── 숯
53 ── 장마의 진실
54 ── 대국
56 ── 터줏대감
57 ── 안개
58 ── 담쟁이
59 ── 내면에서 돋아나는 푸름처럼
61 ── 산의 메시지

추경희 시집 내가 사는 집

차례

3부 본연

비가, 내립니다 —— 65
친구 —— 66
숲 —— 67
인연 —— 68
말씨 —— 69
이랑마다 날빛이 —— 70
본연 —— 72
묘지 —— 73
성 —— 74
천호대교에는 —— 76
마지막 빗방울 —— 77
그때 이미 알았다 —— 78
소쩍연가 —— 79
코스모스 생각 —— 80
추억 —— 81
명상 —— 82
흐르는 시계 —— 84
꿈 —— 85
양평 가는 길 —— 86
고향 —— 87
태질 —— 88

□ 발문 | 최광호

1부
내가 사는 집

이별이 아니다
슬픔이 아니다

이제
삼라만상 모든 창
그리움이다

세탁기를 돌리며

세탁기가 정신없이 돌아간다
오늘 하루 심란했던 순간들
덩달아 맥을 놓는다
감았다 풀었다 하면서

하고픈 말 대신
마음만 짜대고 있는 지금
밀린 세금 얽힌 숫자들
바짝 마를까 싶어
휘잉 매듭을 풀듯

언제 지속된 적이 있었나
매몰차게 감았다
야무지게 풀었다
지금 땟물을 꼭꼭 짜대고 있는 것처럼

언제 기억이나 했었나
어느새 뽀얀 모습을 드러낸 빨래
볕 좋은 곳에 자리를 잡을 때
다시 돌아올 찌든 시간들을.

창·1

나, 언제 저 창을 열어 볼까?

어둠, 사방에 질곡처럼 틀고 앉아
어린 날 푸른 꿈마저 밀어내는
저 아득한 그림자
여태 빛 한 점 붙잡지 못했는데

어제 본 드높은 하늘
시퍼런 날을 세우고
내 심장에 꽂히고
어둠 먹은 무심한 별들
내 창에 쏟아져 내린다

나, 언제 저 창을 열어 볼까?

네모난 작은 프레임
그 속에 갇혀 버린 영혼은
슬픈 기억조차 잊었구나!

창 · 2

나, 지금 저 창을 열어야 한다

순간의 화려한 몸짓으로
어둠 속에 박혀 죽어 가는
폭죽이라도 좋다

아주 짧은 만남이라도
나, 지금 이름 없는 새가 되어야 한다
나, 지금 삐걱거리는 날갯짓이라도 해야만 한다

두려워 마라
작열하는 태양
내 창에 떨어져 활화산처럼 짓이겨져도

나, 지금 저 창을 열어야 한다
뭉크의 쇠잔한 눈빛을 만나기 전에.

창 · 3

시간이 멈추어 섰다
맑은 하늘에 바람이 분다

실눈 뜬 꽃샘바람
무슨 까닭이 있을까?
새잎, 아직 시리다

3월, 네 창에도 바람이 분다
아직 봄은 아닌가 보다.

창·4

봄비 내린 오후
미사리 산책로 풀섶
작은 창 하나 생겼다

가만히 숨죽여 들여다본다
그 속에 서 있는 낯선 사람
웃지 않는다

톡, 풀잎을 발로 차본다
동글납작한 흙바닥
한참을 자박거린다

가만히 기다려 본다
내 얼굴 위로
아, 하늘이 내려와 앉는다.

창 · 5

웃는다
눈물이 흐른다
눈물이 아니다

사람아
사랑하는 사람아

이별이 아니다
슬픔이 아니다

이제
삼라만상 모든 창
그리움이다.

뱀딸기처럼

뱀딸기처럼 무덤덤한 요즘

새콤달콤 잘 익은 것도
그렇다 해서 술 익는 것도 아닌

두 아이 밥그릇만 봐도
무지 좋았던 30대
그리고 40대 후반

뱀딸기처럼 피었다 마는
과일도 풀도 아닌 시간

표정 없이 떨어진다, 뱀딸기처럼.

길

지금, 내가 가는 길은
지금, 내가 알고 있는 전부다

가만히 생각해보면
무수히 많은 길이 있었다

소낙비가 쏟아지는 숲
쭉쭉 뻗은 참나무보다
엄청난 수직으로 내려오던 물길

동틀 무렵
순간 꺾였다가 제자리 찾아
태양을 몰고 오던 수평선

밤하늘 둥둥 떠 있던 달과 별 사이
이름 모를 풀잎 속에 놓여 있던 잎맥

어디에든 길은 있었다

눈먼 마음

나는
지금
눈먼 길을 걷는다.

숲과 새

어느새 너무 멀리 와 버린 걸까
작달막한 나무 그림자 숲으로 덮이고
어린 날 볕 쬐며 놀던
동그랗게 앉아 있던 언덕배기
칼바람을 안고 웅크리면
뼛속을 흔들어 대던 갈대 따라
더 높이 날갯짓을 해본 지 오래

숲이 어두워서가 아니다
며칠을 헤매던 숲길
낯설지도 멀지도 않은 숲
단 한 번 깊은 어둠을 만들어나 봤을까
나무와 나무 사이로 깜깜한 시간들
잠시 쉬어 갈 뿐

너무 깊게 들어온 것이 아니다
내 아직 어려 숲속을 헤매는 것은
간간이 길 찾아 헤매는 것은
해 질 녘 마을 어귀에서
갈바람 기다려 준 벌개미취 보랏빛 향기

더 깊은 숲에 있을 야트막한 산등성이
그곳에 피어 있는 갈향을 믿지 못하기 때문이다.

마흔다섯, 나는

마흔다섯, 나는 쩔쩔맨다

열일곱, 탁 트였던 그 길
내 앞에 펼쳐진 곧은 길 끝은
마른 길이든 젖은 길이든
분명 좁아지지 않았다

아, 그랬다
두려움도 망설임도 없이
늘 달렸다 나는

지금
꼭 고만한 딸이 성큼 나선다
활주로같이 시원한 길로

갑자기 좁아진 길목에서
나는 휘청거린다
맨발을 드러낸 채.

천년의 미소

오늘
노을빛이
가슴에 남는다는 것은

헛헛한 거리에서
투덜거리는 낙엽을 보고
배시시 웃음이 나오는 것은

나를 비워 가는 중이다

남들처럼 살지 못한다고
커 보이는 사과를
만지작거리는 것은

스스로 허허로워지는 것이다.

내가 사는 집

 그곳에서 시작되었다 모든 것이
 안으로 꽁꽁 닫혀 버린, 기웃대던 빛마저 돌아가 버린 하늘
 그곳에 열렸다 분노, 어둠 속에 스며지는 핏기처럼

 어딘지 모를 그곳에서 모든 것이
 사랑과 미움이 낭만과 절망이 기쁨과 슬픔이 가난과 행복이
 뒤엉켜 울었다 어제처럼

 그러나 알고 있다 때로는 모든 것이
 눈물이 초라하고 사랑이 사치스럽고 우정이 거추장스러운
 그렇게 가장 힘겨운 날 그곳에서 잠깐 쉬었다 오늘처럼

 그리고 세월이 흘러 쩡쩡거리던 분노 성근 별빛에 녹아지고
 가장 비참했던 눈물 소리 내어 울 때
미명 앞에 무릎을 접는 어둠을 밀치고 모든 것이

열리고 삭아졌던 그곳에 꼭 가리라

그래, 그곳에서 한 점의 낙관을 찍으리라
희망이란 이름을.

춘몽

아무것도 남음이 없이
아무것도 쥔 것도 없이
내 손은 주먹을 쥐고 있다

분명
버거운 손이었는데

오늘
손가락 사이로 눈물이 흘러내린다

갑자기 커져 버린 손

움켜쥐고 있었던 것은 구름이었다.

무게만큼의 이유

나의 외할머니는 세월의 저울만큼
무거운 노후를 보내셨다
무게에 눌려 정지된 모습은
늘 이가 돋친 녹슨 낫으로
내 어머니의 가슴 한 구석에
슬픔으로 꽂혀 있었다
잔뜩 궂은 날엔
외할머니는 천근 되는 허리를 타박하셨고
그런 날엔 어머니는 겸연쩍은 죄인이 되셨다
몇 년 후
외할머니가 새우처럼 굽은 허리를 펴시던 날
어머니는
오랜 시간 주름진 수의
밤새 눈물로 펴셨다.

등을 켜는 하루

등을 켜는 하루
흩어지는 욕심을 주워 담는 중이다

자글거리던 마음
돌돌 말아 머리맡에 두고
하얗게 바랜 손끝을 들여다본다

잠깐
나뒹굴다 지친 시간
잰걸음으로 흐느끼다
다시 울렁거림이 시작될까

멈칫
어둠 속으로 써레질을 하며
농부의 낮은 노래 소리를 듣는다.

더위

아스팔트 바닥이 튀어 올라
달리는 현기증을 부추긴다
지나가는 걸음이
폭염의 뒷굽에 끌려
두통을 밟고 지나간다
아스피린 한 알 삼키고
나는 인도로 올라선다.

눈 내리면

눈 내리면
나는 오래도록 미룬 일들
한꺼번에 해치웁니다

하늘 가득 고인 그리움
천지사방에 몸 풀어 대고요

그리움 먹은 바람
때 만난 누렁이처럼
보고픔 꾹꾹 찍어
방금 떠난 바퀴에 매달려
멀찍이도 가 있네요

미끄러져 돌아오는 길에
설화 한 잎 따먹고
시름 한 송이 걸어 놓았고요

진달래 피었던 그 전날도
잘 어울리는 빙화로
피워 두고 왔지요

역마살 낀 눈
처마 끝에 내립니다.

2부
내면에 돋아나는 푸름처럼

머리 닿을 듯 앉아 있는 바람에게
귓속말로 갈 길 물어보면
저 끝에 또 길 있으니
그때 만나자 한다

2011년, 봄

부엌 작은 창밖
담장 줄줄이 핀 개나리
올해도 봄빛 노래지도록 본다

지난해도 지지난해도
속살 뽀얗게 드러낸 목련
미치도록 보았고
발그레 미소 짓던 진달래
설레도록 보았다

그리고 며칠 전
산책로 하얗게 내리던 벚꽃도 보았다

이만하면, 2011년 봄 다 보았다
그래, 올해도 다 갔다.

나리꽃

어제
여우비 내려
꽃잎 눈곱 떼어 주더니

오늘 아침
선잠 깬 그림자
대롱대롱 이슬처럼 내린다

어쩌다
바람이 톡톡 치면
모른 척 비켜서는 꽃잎도
슬쩍슬쩍 따라가는 그림자도

여우비처럼
이슬처럼
고운 매무새 여며갈 줄 안다.

수청리, 또 가을

수청리가 익어 간다

잘 발효된 석류처럼
여자의 마음처럼
새빨갛게 익어 가는 수청리로
가을이 오면

여름내 풋풋했던 신록
언덕 아래 해 그림자 따라가듯

농익은 수청리 강 위로
온종일 잠잠했던 노을
옷고름을 푼다.

눈

여린 잎새 하나
파르르 떨고 있는 것은
봄볕 아래 곤히 자고 있는
아직 깨어나지 못한 눈
바로 그 생명을 틔우기 위함이다

한여름
제 몸 태워 가는 태양
그 심장 소리는
이른 아침
미명을 살피고 기지개를 펴듯
파도치는 눈
바로 그 예리함을 기다리는 것이다

하늘 높아 청명한 날
고개 숙인 들녘
그 겸손함은
헛헛한 들판을 배회하다 지친
낙엽의 쇠잔한 눈을 위로함이다

겨울나무 아래서면
칼바람 소리가 더 높아지는 것은
길게 드리워진 어둠
그 아득한 두려움보다
제 집 찾아들지 못한 산새에게
강인한 눈을 키워 주기 위함이다.

두물머리

강둑 아래로
억새가 고개를 끄덕여 줄 때까지
혼돈의 매듭만 뒤엉켜 놓더니
종착역 없는 보름달 안에
긴 시름 던져두고
얼굴 부비고 있는
요람.

불꽃놀이

순간

점점이 찍히던 촉수
눈빛을 번득이는 파편
그 끝에서 자라나는 심장

사람들의 긴— 여운.

아침 바다

그렇게 아침을 열고 있다
주문진은

펄떡이던 복어의 가쁜 숨소리
그 치열한 흔적들을 어판에 늘어놓고
밤새
생각의 선을 넘나들던 파도 소리
빗물이 그어댔던 창 너머로
하얀 가슴을 드러낸 채
지난날 앓이를 한 가득 안고

옹이진 마음
한 겹씩 시름을 덜고
울컥울컥 눈물을 토해냈던
바다로
기어이
수평선을 말아 올린 미명
푸른 **뼈**를 세우고

그렇게
주문진의 아침은 시작된다.

가을엔 · 1

시간이 가랑잎에 묻어 와
조석으로 여물어 갈 때

앞내 물소리
조약돌에 섞여
가을 소리로 흘러내리면

들릴 듯 말 듯
낯익은 벌레 소리
가슴에 머문다

하루가 달 속에서 등을 켜면
한 페이지 그림을 접듯

요란했던 한 해
정원 가득 하늘이 좁다.

가을엔 · 2

　가을엔
　늦은 시간 혼자서 걷는 거리를 사랑할 때다

　현란한 음악이 멈추고 추적추적 마른비가 내리는 시간
　타다다닥,
　지나치는 자전거 바퀴에 감겨 헛돌고 있는 생각처럼
　끝없는 방황을 하고 싶다

　젖은 거리를 덮고 있는 나뭇잎 한 장
　살포시 내려앉은
　그 작은 숨결을 느끼고 싶다

　가을비 머금고 하늘거리는 코스모스
　우산을 접으면 어깨로 감싸오는 빗소리
　서걱서걱 울고 있는 이유를 알고 싶다

　가을엔.

객산

바람은 날풀들을 흔들지만
숨어 있는 잔 숨결은 깨우지 못한 것처럼
여러 날, 입산금지 팻말도
그 아래 흰 뿌리 울음소리를 달래지 못했나 보다

비와 우레가 산짐승처럼 으르렁대던 밤
길게 늘어진 옹로甕路는
오래전부터 역사의 뒤안길을 맴돌다가
산재해 있는 돌무더기들이 세운 날에 베인 탓일까?

간간이 골절을 입은 옹로甕路 언저리에서
명상에 들어간 석곽묘石槨墓
단아한 매무새를 곧추세운다.

연화도

햇비늘이 일렁이는 날
마을 초입에 서 있어야 할
장승도 화려한 마네킹도 아닌
유난히 반들거리는 어부의 미소와
검은 장화 코끝이 호객을 하는
누이를 닮은 곳으로

내달리던 봄볕을 끌고
고동 소리가 투덜대며 걸어 들어온다

어떤 강요도 없는 울타리 속에
문명에 길들여진 허울쯤
얄팍한 어판에 잠시 벗어 놓는다고
흥정된 탐욕
뼛속까지 자맥질치지는 않겠지만

꽤 오랜 시간 팔딱거렸을 가자미의 마른숨결은
광란의 물결, 이불처럼 덮어 갔을 누이의 손끝은

아, 2008년 봄

하얗게 피어나는 야윈 바다꽃처럼
포악한 이빨을 드러냈을 죽음의 뿌리를
써레질하고 있었다.

낙엽

바람 소리도 놓치지 않는 너는
이미 낙엽이 아니다

초승달이 비수처럼 얼어버린 밤
우수수 떨어지는 너는
이미 파편이 아니다

지상의 사랑 끝에서
마음을 비워 가는
흔적

허허로운 들판에서
투덜대며 걸어가는 너는
가장 가벼운 깃털이다.

소양강

사방으로 주춤주춤 흩어지는 바람
그리고 달빛 받은 신생의 이마 위로

작년 뜰 가장자리에 심어 놓은
배롱나무 선홍빛 다닥다닥 영글었나?

증발하는 구름 사이로
고개를 내밀고 있는 가을 향은
열여덟 순정의 외로움

빈 수숫대
부스스 일어설 때
바람이 분다, 강가에

풀들 사이에 거꾸로 처박힌 어지럼증
캔 커피 속에 갇혀 몸부림을 치면
다급해진 풀들은 새파랗게 질려 울고

빨래처럼 구겨진 본연
꽃망울 선홍빛에 숨고 싶다.

오솔길

끝이 보일까
살짝 들풀이 덮어 몰래 숨겨둔 길
누군가 만들어 놓은 돌무덤 지나와
머리 닿을 듯 앉아 있는 바람에게
귓속말로 갈 길 물어보면
저 끝에 또 길 있으니
그때 만나자 한다.

고목

듣지 못해
보려 하지 않고
어쩌다 실눈 떠
아스스 마음 시려와
질끈 눈감아 버렸나?

생채기 할퀸 빗줄기
어둠 긁어모으던 날
차마
메마른 시간 속에
나이테를 틀었는가?

꼬옥
동여맨
동면의 침묵

저기 뿌리 깊은 부름에
파란 님
벌써 미동하고 있음이
천년의 감정 결코 외롭지 않다.

숯

지금 태운 불꽃
고스란히 내일로 남아

타다가 제 향에
꺼지는 일 없어
불똥이 시샘할까
화석으로 피었거든

흐린 날
어제처럼
남은 사랑마저

연기 없이 태우리
연기 없이 태우리.

장마의 진실

우산 속으로
가랑비가 내린다

거리를 삼킬 듯 작은 폭포
갈피를 못 잡는다

우산 속에선 고요한 흔적만 내린다

발등을 타고 흔들어 대는 너
그래 너였다
내 눈을 덮고 있는 물빛
방황의 끝에서 기다려 준 것은
바로 너였다

쓸려 가다가 결국 만나고 마는 것은
억수장마가 아니다

깊이를 헤아릴 수 없는 벼랑
그것이 쏟아지고 있을 뿐.

대국

결국 후미진 곳에서 바람이 분다

둥둥 북을 치며 매듭을 풀어가는 적들은
역시 노련하다

처음부터 알고 있었다

승산 없는 싸움과
현혹스런 입술의 방향을

더딘 내 판단이 허를 찔렸다

이렇게 현실을 마비시켜 놓고
잔해들은 등을 돌리는가

적들은 비켜서며 전진하는데
난 하잘것없이 궁만 지키던 졸이 되었다

적은 비수를 꽂아
내성에 심지를 박고 갈쿠리를 채운다

꼼짝없이 갇혀 버렸다.

터줏대감

 까치발을 하고 돋아나는 봄은 아직 멀어서 이미 늙어 버린 잎새는 괴로워한다 하늘 빛 깊이를 읽지 못해 잎새는 더듬거리는 손끝에서 멍들어 갈 뿐 눌러앉은 눈빛엔 싸리바람 머물다 푸석거리는 비늘만 떨어진다.

안개

침묵은 사방에서 몰려들고 있었어

주위에는 푸른 얼음 소리 파도를 끌고
가끔 타박거리는 소리가 들릴 때
너는 알고 있었어

밤새 무슨 일이 있었는지

자글거리며 파고드는 햇살에 덜미 잡혔다는 것도
오렌지빛 꿈을 선뜻 드러내지 않는 것도
너는 알고 있었어

천천히 익어 가는 포도주처럼
시야의 언저리에서 회색 허물이 벗겨질 수 있도록
너는 기다리고 있을 뿐이야.

담쟁이

하늘을 향한
푸른 심장 소리의 외침

안간힘을 다해
붉은 진앙지를 찾아 헤매는

정상도 망각한 채
읊조리는 곤한 비명아

너는
자신의 심장에 촉수를 꽂아
절망의 늪을 채우는

절규다.

내면에서 돋아나는 푸름처럼

검단산 등줄기를 터 잡아
봉황의 날개가 신록을 빗질하듯
하늘은 여러 날 봄을 기다렸다

황사가 지나칠 자리에
요란스럽던 회오리바람도
때마다 어울리는 옷을 갈아입었지만

봄은
검단산 정수리로 쏟아져 내리던 곧은 정기
푸름으로 몰고 와
잘 발효된 꿈이란 일터에
맑은 산소를 마악 토해내는 순간이다

어제가 있어 오늘은
아름드리나무가 그늘이 되는 것처럼

지금 뿌리를 내리는 울림은
내일의 고난 앞에 사람 사는 냄새로 다가서
하남 위례성 희망의 빗장을 열 수 있는

유구한 역사의 문지기가 되기를.

산의 메시지

내가 주고 싶은 것은
산새가 피우는 향기가 아니라
그 속에 번져오는 정이란다

내가 탐내는 것은
하늘의 구름 한 점이 아닌
막 뿌리내려 가녀린 잎새뿐

그이가 내게 다가서는 까닭은
능선의 몸부림
그 간절함 때문이고

내가 그이가 되고픔은
골 따라 적시는 빗방울
외로움의 흔적 바로 그것이란다.

3부
본연

누군가를 알게 되었다는 것은
바람에 묻어온 잎새가
시간과 더불어 흘러가는 것이다

비가, 내립니다

새벽을 기다리는 지금
비가, 굵은 비가 내립니다

비가, 자장가 소리였다가
여고 시절 현주의 미소였다가
어제 본 영화 속 주인공이었다가

비가, 귀에서 내리는데
그리움은 가슴에 못질을 합니다

저렇게 많은 비가 내립니다.

친구

40년이 훌쩍 넘어서
주름은 잔잔하게 세월을 만들고
그래서 더욱 소중한 사람

눈 내리는 날에
낙엽이 떨어져 눕는 날에
파도가 화려한 날에
봄내음 나른한 날에

그런 날에, 석류처럼 익어 가는 삶
늘 그랬으면 참 좋겠다.

숲

숲에 서면
모두가 그립다

예전에 멱 감던 친구와
비 오던 날 돌아서던 연인의 등과
맑은 생각이 떨어져 내리던 기타 소리

모두 고향이다.

인연

누군가를 알게 되었다는 것은
바람에 묻어온 잎새가
시간과 더불어 흘러가는 것이다.

말씨

마음속에 숨어 있는
나를 보려면
거울 속 나를 만나라

잠들기 전
세수하고 마주 선 사람
달싹이는 입가에
수많은 말씨를 심어 놓고
돌아왔으리라

언젠가
홀씨 되어 날아간
말씨 한 톨
숲으로
늪으로
거울 속 마당을 만들고

누구도
거울 속 사람을
바꾸어 만날 수 없으리….

이랑마다 날빛이

날마다 새 태양이
정성의 날빛이
백제의 고도, 그 이랑에
때맞아 울리는 종소리처럼
미래의 알자리를 심었다

오랜 시간
가꾸어 놓은 이랑마다
이 땅을 누비던 우렁찬 말발굽 소리로
꿈을 향한 지혜의 날갯짓으로
선인들의 춤사위는 거듭나고

때로는
시샘하듯
회오리 발톱에 걸린 칼바람
포효하는 순간
고랑 되어 터진 마음
흙탕물 뒤집어쓴 여린 잎 대신
밤새 속앓이를 했다

오늘
하늘 길이 재며 휘어져 있는
고즈넉한 날빛은
용맹스런 아버지로
온화한 어머니로
찬란하게 빛날 것이다.

본연

겨울, 성큼 버리고 돌아간다
얼음장 얕은 물 위로
봄기운 밀어내고

저 살던 곳으로
누가 반기지 않아도
하물며 돌아간다

누가 등 밀지 않아도
겨울, 돌아간다.

묘지

묘지에 묻는다
아픔을

이 순간이 지나면
망각의 샘 속에서 영원히 살고파

영혼은 용서의 떼를 덮는다

아우성쳤던 이성들은
아늑한 섬에 표류한다

너도
나도 아닌
다른 사람처럼.

성

내가 있는 곳엔
언제나 빛이 있었다

어제는 북극성으로
오늘은 혜성으로
다음 날은 은하수로

그러다 한 송이 별을 땄다
그리고
내가 있는 곳엔
희망이라는 별이 달리기 시작했다

몇 밤을 잤을까
내가 있는 곳에
작은 성이 생겨났다
믿음이라는

그리고
성 가득
곡식이 쌓여 갔다

신뢰라는 알곡들로

성 안에는
가끔 바람이 불었고
어느 날은 진눈깨비도 내렸다

또 몇 밤을 잤을까
내가 있는 곳엔
수많은 잔별들이 자라고 있었다.

천호대교에는

흩어진 머리카락 사이로
천호대교가 달리고 있는 것을 보았다
물방개처럼 바닥에 붙어 있는 양심들이 애절하다
아랑곳없는 천호대교는 질주를 멈추지 않았다
그리고 내가 서 있는 6층 옥상은 덩달아서 달리기 시작했다
난 결코 난간을 붙잡지 않기로 했다
멀미를 하다가 튕겨져 나갈 수밖에 없는
물방개들의 운명을 알고 있기에
쏟아져 내리는 햇살을 피하지 않아도 된다.

마지막 빗방울

비가 스쳐 간 길에
마지막 빗방울이 거리를 쏟아내고 있다

먼지들의 잔해가 휘청거리며
증발하고 있는 것이다

장막을 뚫고 바닥이 드러나면
방향을 잃은 파편이 허공에 잠시 머문다

쪼그라드는 자신을 보고 싶지 않기 때문이다.

그때 이미 알았다

그때 이미 알았다

낙엽 떨어지는 소리
소스라쳐 놀라는 내 심장
둘은 어쩔 수 없음을

그리움 너머
낙엽이 진 뒤
앙상한 겨울나무 뒤편
매서운 고독이 도사리고 있음을

그때 이미 알았다

봄날 언저리
연둣빛 시간
하얀 포말로 자맥질치는 기다림을.

소쩍연가

소쩍소쩍
초승달에 걸린 소쩍새 한 마리

타르르 타르르
재를 먹는 모닥불
한 소절 소쩍거림을 몸째 태우고 있다

술잔에 일렁이던 홍조
소쩍소쩍
별을 부를까

소쩍소쩍
소쩍소쩍
소쩍새
애타게 시간을 부르고 있는데
그것도 모르는가 보다.

코스모스 생각

나 어릴 적
앞마당 화단 둘레
색색이 피어난 코스모스
가을을 끌고 다녔지
그런 날엔
스산한 바람
나 데리고
불러줄 순이 기다렸지
아마
오늘 같은 날
순이도
두 아이 재워 놓고
나 그리워
코스모스 잎 책갈피에 접어
내 얼굴
그 향기에 묻어 볼까.

추억

동공 속 머언 계절
눈이 부셔 시리운 그곳
잊었던 칼날 하나
그리움을 도려낸다
동강난 시간 앞에 스러져 눕던
이름 모를 들풀은
길섶에서 오히려
또 다른 애정의 성을 이루지만
반으로 꺾인 샛길 언저리엔
가끔씩 묻어 오는 풀향뿐
눈을 감고 싶다
어딘가에서 노래하는
종달새를 만나고 싶다.

명상

문득
하늘이 내려와
지친 나를 안아 주었다

가만히
눈감고 기대어
구름에 젖은 빗물을 느껴 본다

돌이켜 보니
그 향기는 무심코 오는
물비늘 냄새가 아니다

그런 듯 아닌 듯
비틀거리며 놓여 있던 징검다리
발밑에 끼여 있던 물이끼 그 냄새다

남의 것인 양
한 조각씩 깨물며
밟고 디뎌 온 구름 저편

어느새 나는
하늘을 쓸어안고 그곳에 있다.

흐르는 시계

휘돌아 흐른 야트막한 산 덜미
새하얀 일상들이 겹겹이
쏟아져 내린다

산책 길 아카시아 나무 위
딱따구리 한 마리
주섬주섬 시간을 모아
따아—

메아리마다 줄줄이 펄럭이는
맑은 꽃

두리번거리는 시간들.

꿈

푸드득

날갯소리에 놀란 빗방울들이 추스려 몸을 일으킨다 멀거니 서서 바라보던 전봇대의 시야에서 날갯짓이 멀어질 때도 빗줄기는 날아가 버린 발자국을 느끼고 있다 바닥에 곤두박질친 지푸라기들은 점점이 내장을 드러내다 흔적도 없이 떨어지는 희망을 안고 어제를 되풀이한다 다음 날 절룩거림도 없이 참새는 전깃줄로 날아든다.

양평 가는 길

어디를 쳐다봐도
푸른 산소가 향긋한 오늘

하늘빛 고와
아름다운 길은
달려도 달려도 계속될 듯

반겨줄 사람이 좋아서
가는 길 내내
청춘은 지천에 깔려 있다

녹음에 둘러싸인 물결은
달리는 마음보다 먼저
속내를 눈치 채고는

살짝살짝 속살을 드러낸다

어디 한 점
가려 줄 곳 없는 강 위에서.

고향

하얗게 내려앉은 겨울밤
그것은 고향이다
밤새도록 숨죽여 올올이 엮어 가던
어머니의 손
사르르 소리 없이 내리는 그리움
그 맛은
전날 밤 도란거리는 동치미 씹는 소리다
고향은 코바늘에
시간을 걸고 있는 중이다.

태질

   소문만 무성한 집이 있었다
   밤마다 안채에서는 미쳐서 날뛰는 일들이 벌어지곤 했는데
   바깥채에서는 종잡을 수 없는 노릇이었다

   며칠 뒤
   대문 밖에는 붉은 소리가 울려 퍼지고
   바깥채에서 움츠리고 있던 종들은

   상전의 상투 끝을 좇아
   뿔뿔이 튕겨져 나가고 말았다
   푸른 나팔꽃이 피는 아침에도 그랬다

   이듬해
   마당 한가운데서 주인 없는 굿판이 벌어졌다
   신들린 무당은 거품을 서리서리 풀어댔고
   애꿎은 귀신들만 칼등에 맞았다

   그러기를 50여 년
   터가 세다는 그곳 담장 위에도 줄모양이 생겨났다
   집을 찾아 날아든 새들마저 자기편 줄에만 앉았다.

> 발문

삶에 대한 성찰의 깨달음
―추경희 시집 『내가 사는 집』

최 광 호 | 문학공간 주간, 시인 |

　추경희 시인은 긴 시력詩歷에 비해 많은 시를 발표하지 않은 과작의 시인에 속한다. 이는 시인의 결벽의 성격과도 무관하지 않는 듯하다. 이런 그의 시적 언어는 난해하기보다 정확하며, 기교에 의존하기보다 순수하고 소박한 삶의 성찰을 이끌어 내는 데 더 큰 비중을 두고 있으며 무엇보다 속물 근성에 때문지 않은 참신한 서정성이 돋보인다.
　한편으론 문단의 주목으로부터 다소 덜어져 있는 듯하지만, 그는 그런 것에는 개의치 않는 시적 태도를 견지하고 있으며 다만 자신의 시적 공간을 묵묵히 구축하고 있을 뿐이다.
　그로 하여금 시를 쓰게 하는 근원적 힘은 무엇일까를 탐색하는 방향에서 이 글을 시작해 보기로 한다.

추경희 시인은 무엇보다 말을 아낄 줄 아는 시인이다. 다음과 같은 그의 시를 읽어 보면 그 이유를 알게 된다.

>세탁기가 정신없이 돌아간다
>오늘 하루 심란했던 순간들
>덩달아 맥을 놓는다
>감았다 풀었다 하면서
>
>하고픈 말 대신
>마음만 짜대고 있는 지금
>밀린 세금 얽힌 숫자들
>바짝 마를까 싶어
>휘잉 매듭을 풀듯
>
>언제 지속된 적이 있었나
>매몰차게 감았다
>야무지게 풀었다
>지금 땟물을 꼭꼭 짜대고 있는 것처럼
>
>언제 기억이나 했었나
>어느새 뽀얀 모습을 드러낸 빨래
>볕 좋은 곳에 자리를 잡을 때
>다시 돌아올 찌든 시간들을.
>
>―〈세탁기를 돌리며〉 전문

그에게 시적 공간은 사유하는 주지적 서정의 공간이며, 아울러 순수한 언어와 순결한 마음으로 자신을 성찰하는 공간이기도 하다.

시인의 시간은 "볕 좋은 곳에 자리 잡을 때/ 다시 돌아올 찌든 시간"이지만 그러한 삶 속에서도 시인은 타락한 세계의 가치관을 부정하며 대척의 이미지를 만들어 내고 있으며 이는 시인에게 있어 시를 쓰게 하는 근원적 동력으로 작용하고 있다.

어두운 현실에 대한 치열한 성찰을 통해 끊임없이 인간적 진심을 되물으면서, 삶의 진정성을 찾아가는 시인의 시적 의지를 직감할 수 있다.

어제 본 드높은 하늘
시퍼런 날을 세우고
내 심장에 꽂히고
어둠 먹은 무심한 별들
내 창에 쏟아져 내린다

나, 언제 저 창을 열어 볼까?

네모난 작은 프레임
그 속에 갇혀 버린 영혼은
슬픈 기억조차 잊었구나!

―〈창·1〉 일부

나, 지금 저 창을 열어야 한다

순간의 화려한 몸짓으로
어둠 속에 박혀 죽어 가는
폭죽이라도 좋다

아주 짧은 만남이라도
나, 지금 이름 없는 새가 되어야 한다
나, 지금 삐걱거리는 날갯짓이라도 해야만 한다

두려워 마라
작열하는 태양
내 창에 떨어져 활화산처럼 짓이겨져도

나, 지금 저 창을 열어야 한다
뭉크의 쇠잔한 눈빛을 만나기 전에.

—〈창·2〉전문

 현대 소비 물결에 정신을 잃어버린 현대인은 물질적 욕망에 사로잡힌 채 삶의 중심을 잃어 가고 있다. 이에 시인의 시는 이율배반적 가치관을 부정하며 삶의 자유를 반영하려는 의지를 내보이고 있다.
 시인은 자신이 살고 있는 현실의 모순된 공간에서도 좌절하지 않으며 이를 극복하고자 하는 희망의 꿈을 꾸는

자簇이며, 이러한 시인의 시쓰기는 참다운 삶에의 소망에서 비롯됨은 말할 나위 없을 것이다. 그런 간절한 소망은 시인에게 있어 시를 쓰게 하는 근원적 힘이며 시인이기에 걸어야 하는 숙명적인 형극의 길인 것이다.

  추경희 시인은 다섯 편의 연작시 〈창〉을 통해 시인 스스로가 무언가의 의미를 전달하고자 하고 있다. 바로 창은 인간의 참된 존재의 실존을 확인하는 공간이며 그 공간을 통해 시인은 우리에게 위로의 힘을 전달하고 나아가 꿈의 환희를 느끼게 하고 있는 것이다.

    어디에든 길은 있었다

    눈먼 마음
    나는
    지금
    눈먼 길을 걷는다.

―〈길〉 일부

  비인간화된 자본주의 이기 속에서 생존 경쟁의 일상을 살아가다 보면, 개인의 꿈은 허물어지고 순박한 꿈을 꾸게 하는 희망은 쉽게 찾아보기 어렵다. 도대체 오늘에 있어 삶의 길이란 어떤 길일까.

  추경희 시인은 예측할 수 없는 삶의 길에 대한 불투명성을 '눈먼 마음'에 비유하고 있다. 우리는 안개 같은 삶 속에 살며, 그 삶 속에 안개가 걷히기를 기다리며 살아가는 것인지도 모른다. 시인에게 있어 시의 힘은 안개 속에서 가야 할 길이 어디인지 가늠하는 혜안을 길러 주기도 하는 것이다.

위의 시는 연작시 〈창〉과 더불어 얼룩진 삶의 실상을 진솔하게 드러내고 있어 인상적으로 읽힌다.

   마흔다섯, 나는 쩔쩔맨다

   열일곱, 탁 트였던 그 길
   내 앞에 펼쳐진 곧은 길 끝은
   마른 길이든 젖은 길이든
   분명 좁아지지 않았다

   아, 그랬다
   두려움도 망설임도 없이
   늘 달렸다 나는

   지금
   꼭 고만한 딸이 성큼 나선다
   활주로같이 시원한 길로

   갑자기 좁아진 길목에서
   나는 휘청거린다

맨발을 드러낸 채.

— 〈마흔다섯, 나는〉 전문

  삶에 있어 정체성의 상실은 존재의 상실을 의미한다. 이는 사유의 직립을 병들게 하며 자신의 실존적 의미를 망각하게 한다.
  시인이 시를 쓴다는 것은 사유의 직립을 통해 삶의 정체성을 확인하는 길찾기의 과정과도 같다 할 수 있다. 바로 추경희 시인은 시적 공간을 통해 절망과 희망의 의미를 새롭게 수용함으로써 삶을 긍정적으로 인식하고 있다.
  이처럼 추경희 시인의 시쓰기는 삶의 의미를 확인해 가는 과정이라 할 수 있다. 또한 나와 타자의 삶을 되돌아보게 하는 소통의 공간인 그의 시는 인생 행로에 있어 성찰의 깨달음이 조화롭게 시적 응축미와 더불어 형상화되고 있어 독자들에게 큰 울림으로 다가가리라 본다.

2011년 9월
문학공간사에서

내가 사는 집

발행 I 2011년 9월 30일
지은이 I 추경희
펴낸이 I 김명덕
펴낸곳 I 한강출판사
홈페이지 I www.mhspace.co.kr
등록 I 1988년 1월 15일(제8-39호)
주소 I 서울시 종로구 인사동 131번지 파고다빌딩 408호
전화 735-4257, 734-4283 팩스 739-4285

값 **8,000원**

ISBN 978-89-5794-196-6 04810
        978-89-88440-00-1(세트)

※저자와의 협약에 의해 인지는 생략합니다.
※잘못된 책은 바꾸어 드립니다.